초코
교과서
달달 쓰기

초등 국어

1-2

바른 글자 쓰기와 받아쓰기,
초등 어휘력 확장을 돕는

WRITERS

미래엔콘텐츠연구회
No.1 Content를 개발하는 교육 콘텐츠 연구회

COPYRIGHT

인쇄일 2024년 8월 12일(1판1쇄)
발행일 2024년 8월 12일

펴낸이 신광수
펴낸곳 (주)미래엔
등록번호 제16-67호

융합콘텐츠개발실장 황은주
개발책임 정은주 **개발** 한솔, 백경민, 송승아, 김라영

디자인실장 손현지
디자인책임 김기욱 **디자인** 이명희

CS본부장 강윤구
제작책임 강승훈

ISBN 979-11-6841-868-4

매일매일
스스로
공부해요.

바르고
예쁘게
글씨 써요.

받아쓰기
실력을
높여요.

국어 공부는 낱말을 정확하게 알고,
바르게 쓰는 것에서 시작해요.
"초코 교과서 달달 쓰기"와 함께
매일매일 교과서 속 낱말을 쓰고,
교과서 밖 다양한 낱말까지 익히면
국어 실력을 탄탄하게 쌓을 수 있어요.

자, 이제 예쁘게 깎은 연필 한 자루를 손에 쥐고
또박또박 쓰기 시작해 볼까요?

이 책의 구성

1단계 낱말 확인하기

2단계 낱말 변별하기

● **교과서 속 낱말을 따라 쓰며 확인해요.**

교과서에는 단원별로 꼭 알아야 할 내용들이 있어요. 그림과 함께 교과서의 핵심 내용을 공부하고, 바르게 따라 써 보아요.

쓰기 칸에 맞추어 낱말을 따라 쓰다 보면 저절로 교과서 내용을 기억할 수 있어요.

● **놀이형 문제를 풀며 알맞은 낱말을 찾아 써요.**

낱말이 쓰인 상황이나 그림을 살펴보고, 그에 알맞은 낱말이 무엇인지 찾는 연습을 해 보아요. 그리고 잘못 쓴 부분을 바르게 고쳐 써 보아요.

알맞은 낱말 찾기 활동으로 낱말의 바른 모양을 제대로 알고, 바르게 쓰는 습관을 기를 수 있어요.

교과서 낱말과 문장, 학년별로 꼭 알아야 하는
중요 낱말을 매일 꾸준히 쓰면서 익히면
쓰기력과 어휘력을 한 번에 향상시킬 수 있어요!

3단계 낱말 쓰기

3 별이가 간식 상자에서 겹받침을 찾고 있어요. 알맞은 겹받침을 찾아 상황에 알맞은 낱말을 완성하여 쓰세요.

부		다
바		다
가	여	다

| 이 | 어 | 버 | 리 | 다 |
| 구 | | 다 |

20 교과서 달달 쓰기 1-2

4단계 문장 쓰기

흉내 내는 말을 넣어 문장 만들기

교과서의 중요한 내용을 바르게 따라 쓰세요.

1 잎이 가을바람에 살랑살랑 움직입니다.

| 잎 | 이 | | 가 | 을 | 바 | 람 | 에 | |
| 살 | 랑 | 살 | 랑 | | 움 | 직 | 입 | 니 | 다 |

2 야옹 소리를 내며 반겨 줍니다.

| 야 | 옹 | | 소 | 리 | 를 | | 내 | 며 |
| 반 | 겨 | | 줍 | 니 | 다 | . |

3 자전거를 타고 씽씽 지나갑니다.

| 자 | 전 | 거 | 를 | | 타 | 고 | | 씽 |
| 씽 | | 지 | 나 | 갑 | 니 | 다 | . |

4 소리를 나타내는 말

| 소 | 리 | 를 | | 나 | 타 | 내 | 는 |
| 말 |

5 꽃이 활짝 피었습니다.

| 꽃 | 이 | | 활 | 짝 | | 피 | 었 | 습 |
| 니 | 다 | . |

● 다채로운 낱말을 또박또박 바르게 써요.

저학년이 반드시 알아야 할 중요 낱말을 쓰면서 낱말의 뜻, 뜻이 반대인 낱말, 뜻이 비슷한 낱말, 맞춤법, 발음, 띄어쓰기, 기초 문법 등을 함께 익혀요.
그리고 생각이나 상황을 나타내는 문장에 알맞은 낱말을 쓰면서 표현하는 자신감을 얻을 수 있어요.

● 교과서 속 문장을 쓰며 받아쓰기 연습을 해요.

단원별로 공부한 낱말이 쓰인 교과서 속 문장을 천천히 따라 써 보아요.
문장을 통째로 따라 쓰면 낱말의 쓰임을 제대로 확인해 볼 수 있고, 띄어쓰기를 하는 방법도 익히게 되어 받아쓰기 시험 준비도 탄탄하게 할 수 있어요.

이 책의 차례

공부 계획표

부모님과 공부 계획을 세워 보세요! 실천한 날은 초코 쿠키에 예쁘게 색칠하세요.

출발

1일차
1단원
6~9쪽
월 일

2일차
1단원
10~13쪽
월 일

3일차
1단원
14~17쪽
월 일

8일차
3단원
34~37쪽
월 일

7일차
3단원
30~33쪽
월 일

6일차
2단원
26~29쪽
월 일

5일차
2단원
22~25쪽
월 일

4일차
2단원
18~21쪽
월 일

9일차
4단원
38~41쪽
월 일

10일차
4단원
42~45쪽
월 일

11일차
4단원
46~49쪽
월 일

12일차
5단원
50~53쪽
월 일

13일차
5단원
54~57쪽
월 일

18일차
7단원
74~77쪽
월 일

17일차
7단원
70~73쪽
월 일

16일차
6단원
66~69쪽
월 일

15일차
6단원
62~65쪽
월 일

14일차
6단원
58~61쪽
월 일

도착

19일차
7단원
78~81쪽
월 일

20일차
8단원
82~85쪽
월 일

21일차
8단원
86~89쪽
월 일

22일차
8단원
90~94쪽
월 일

1단원 기분을 말해요

흉내 내는 말을 넣어 문장 만들기 ①

흉내 내는 말은 모양이나 소리를 나타내는 말이에요. 흉내 내는 말을 넣어 문장을 만들어 보세요.

흉내 내는 말

> 흉내 내는 말을 사용하면 말의 재미를 느낄 수 있고, 생동감 있는 표현을 할 수 있어요.

모양을 나타내는 말

토끼가 깡충깡충 뛰어가요.

별이 반짝반짝 빛나요.

소리를 나타내는 말

송이가 깔깔 웃어요.

시계가 째깍째깍 돌아가요.

1 친구들이 흉내 내는 말을 몸으로 표현하고 있어요. 친구들의 몸짓에 알맞은 흉내 내는 말을 따라 쓰세요.

송이가 ｜ 폴 ｜ 짝 ｜ 폴 ｜ 짝 ｜

강이가 ｜ 덩 ｜ 실 ｜ 덩 ｜ 실 ｜

별이가 ｜ 사 ｜ 뿐 ｜ 사 ｜ 뿐 ｜

2 그림에 알맞은 흉내 내는 말을 찾아 선으로 잇고, 따라 쓰세요.

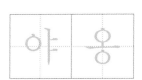

3 그림 속 상황을 문장으로 표현하려고 해요. 흉내 내는 말을 따라 써서 문장을 완성하세요.

바람이

산 들 산 들

불어요.

매미가

맴 맴   울어요.

나무가 해마다

쑥 쑥

자라요.

수국이   활 짝   피었어요.

가을이 되면 단풍이

울	긋	불	긋

물들 거예요.

병아리가

삐	악	삐	악

울어요.

1단원 기분을 말해요

흉내 내는 말을 넣어 문장 만들기 ②

1 강이와 산이가 나눈 대화 글을 읽고, 흉내 내는 말을 따라 쓰세요.

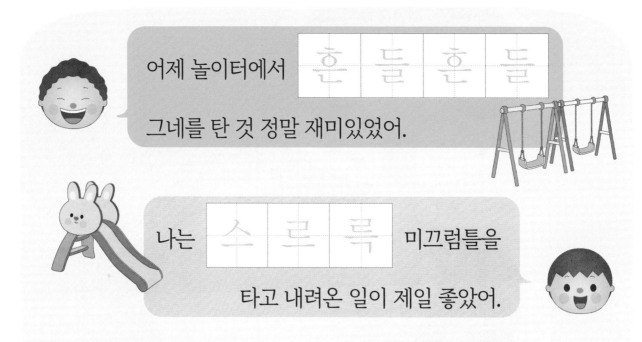

어제 놀이터에서 흔들흔들 그네를 탄 것 정말 재미있었어.

나는 스르륵 미끄럼틀을 타고 내려온 일이 제일 좋았어.

정글짐을 낑낑 올라간 일은 힘들지만 뿌듯했어.

무엇보다도 송이, 별이까지 모두 함께 재잘재잘 이야기 나눈 것이 가장 행복했어.

2 그림에 어울리는 흉내 내는 말을 생각하며 문장을 완성하여 선으로 알맞게 잇고 따라 쓰세요.

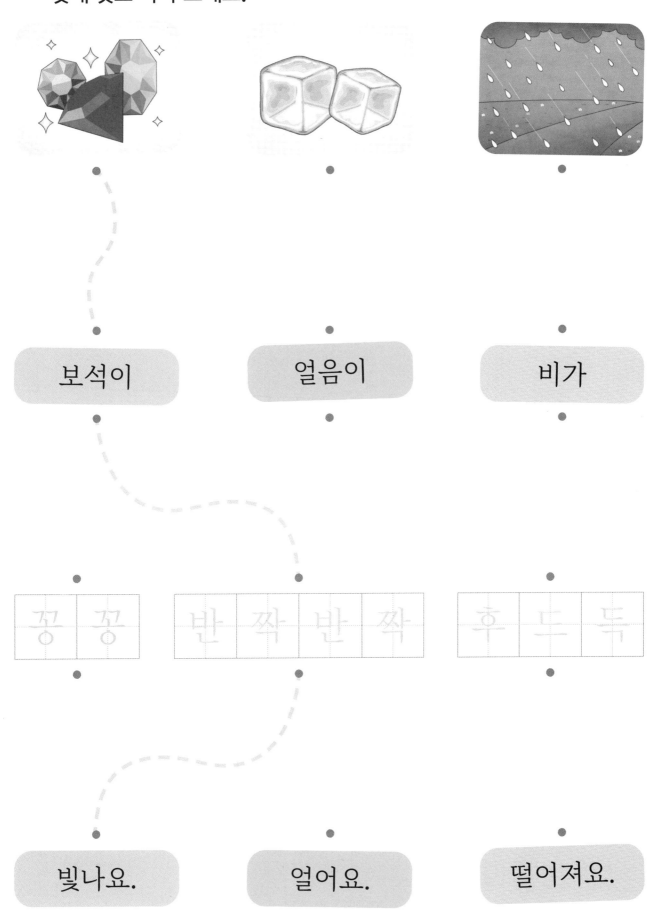

보석이

얼음이

비가

꽁꽁

반짝반짝

후드득

빛나요.

얼어요.

떨어져요.

3 친구들이 여름 방학 때 겪은 일을 살펴보고, 그림에 알맞은 흉내 내는 말과 친구들의 기분을 따라 써서 문장을 완성하세요.

강이는 바다에서　첨 병 첨 병

물놀이했을 때　신 났 어 요.

송이는 무서운 만화 영화를 보고　두 근 두 근

가슴이　떨 렸 어 요.

산이는 친구가 모래성을 | 와 | 장 | 창 | 무너뜨리고

도망가서 | 화 | 가 | 났 | 어 | 요 |.

별이는 창밖에서 갑자기 | 우 | 르 | 롱 | 쾅 | 쾅 |

천둥번개가 쳐서 깜짝 | 놀 | 랐 | 어 | 요 |.

1단원 기분을 말해요

2 자신의 기분을 말로 표현하기

자신의 기분을 다른 사람에게 말할 때에는 듣는 사람을 생각해야 해요. 듣는 사람의 기분을 생각하며 자신의 기분을 말하는 방법을 알아보아요.

무슨 일이 있었는지 생각해 봐요.

그때 정말 속상하고 화가 났어.

그때의 솔직한 자신의 기분을 생각해 봐요.

내가 화를 내면 강이가 상처받을 거야.

솔직하게 말했을 때의 듣는 사람의 기분을 생각해 봐요.

나는 내 그림이 망가져서 정말 속상해.

'나'라는 말로 시작하며 정리한 생각을 말해요.

자신의 기분을 다른 사람에게 말할 때에는 '나'라는 말로 시작하고, 있었던 일과 기분을 말해요.

1 그림에 어울리는 기분을 나타내는 낱말을 따라 쓰세요.

슬 퍼 요

행 복 해 요

기 뻐 요

부 끄 러 워 요

2 '-쟁이'와 '-장이'를 사용해 낱말을 만들 수 있어요. 그림에 알맞은 낱말을 따라 쓰세요.

3 친구들이 듣는 사람을 생각하며 자신의 기분을 말하고 있어요. 낱말을 따라 쓰고 문장을 완성해 보세요.

나는 별이가 지우개를 빌려줘서

고마웠어.

나는 선생님께서 줄넘기 실력이 늘었다고 칭찬해 주

셔서 뿌듯했어.

'너'라는 말로 시작해 상대를 비난하고 탓하면 안 돼요.

'나'라는 말로 시작해 있었던 일과 기분을 솔직하게 말해요.

나 는 산이가 복도에서 넘어져서

걱 정 됐 어 .

나 는 강이와의 약속에 늦어서

미 안 했 어 .

2단원 낱말을 정확하게 읽어요

받침이 있는 낱말 바르게 읽고 쓰기 ①

🎀 서로 다른 두 개의 자음자로 이루어진 받침을 겹받침이라고 합니다. 겹받침을 넣어 글자를 만들어 보세요.

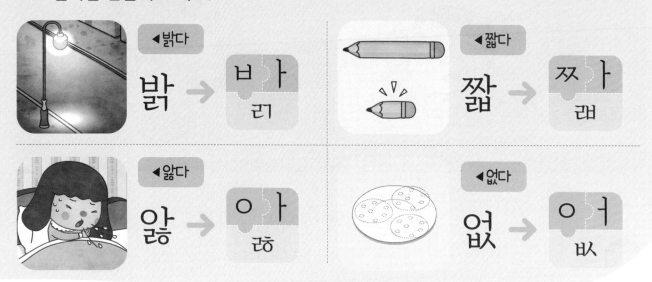

1 겹받침이 있는 낱말을 읽으며 따라 쓰세요.

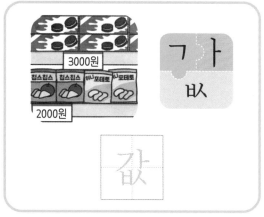

2 그림이 나타내는 낱말을 따라 쓰고, 두 낱말에 모두 들어 있는 겹받침을 빈칸에 쓰세요.

3 별이가 간식 상자에서 겹받침을 찾고 있어요. 알맞은 겹받침을 찾아 상황에 알맞은 낱말을 완성하여 쓰세요.

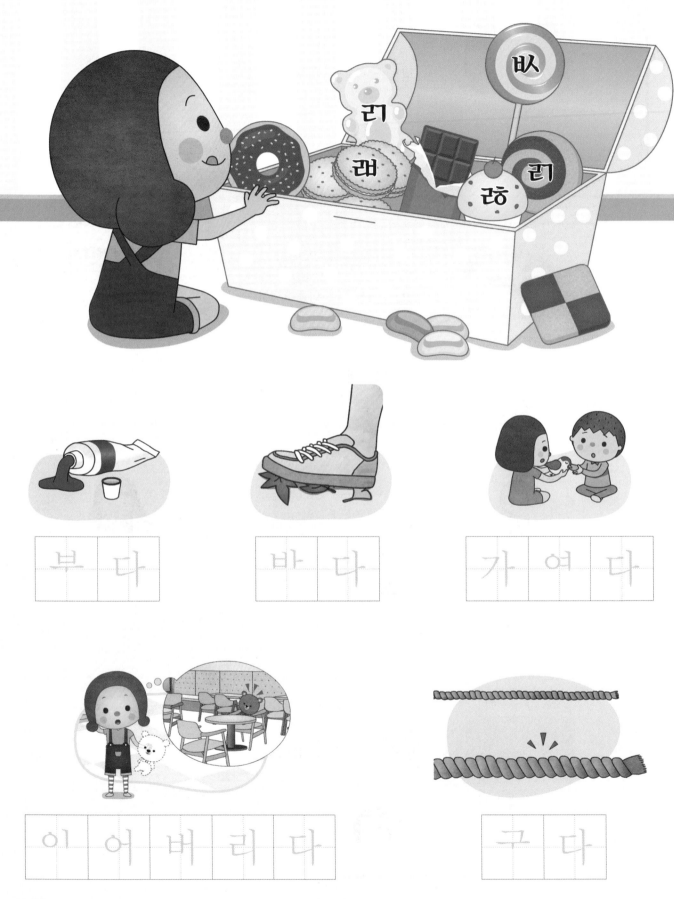

부	다

바	다

가	여	다

이	어	버	리	다

구	다

4 강이가 송이에게 쓴 편지를 읽고, 받침을 잘못 쓴 낱말을 바르게 고쳐 쓰세요.

송이에게

송이야 안녕? 나 강이야.

오늘 수업 시간에 필통이 업서서 당황하는 나에게 연필을 빌려주어서 고마웠어. 글씨를 너무 열심히 쓰다 보니 연필심이 다 달아 짤바져 버렸는데도 괜찮다고 말하며 발게 웃어 주어서 더 감동했어.

앞으로 나도 네게 좋은 친구가 될게. 앞으로도 친하게 지내자. 그럼 안녕.

너의 친구 강이가

- 업서서 →
- 달아 →
- 짤바져 →
- 발게 →

2단원 낱말을 정확하게 읽어요

1. 받침이 있는 낱말 바르게 읽고 쓰기 ②

1 문장을 바르게 읽으며 겹받침이 있는 낱말을 따라 쓰세요.

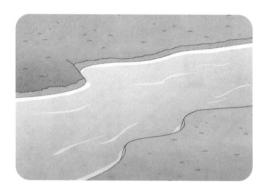

물이 | 맑 | 다 | .

[무리 막따]

정원이 | 넓 | 다 | .

[정워니 널따]

구멍을 | 뚫 | 다 | .

[구멍을 뚤타]

도둑이 | 틀 | 림 | 없 | 다 | .

[도두기 틀리멉따]

2 그림에 알맞은 낱말을 따라 쓰고, 바르게 읽은 것에 ○표 하세요.

튀 김

[튀김]　[티김]

가 위

[가위]　[가이]

다 람 쥐

[다람쥐]　[다람지]

주 사 위

[주사위]　[주 싸이]

3 산이가 학교에 가요. 겹받침을 사용한 낱말을 따라 쓰고, 알맞은 발음을 따라 길을 찾아 보세요.

출발

[달따]

닮 다

[달타]

[발따]

밟 다

[밥따]

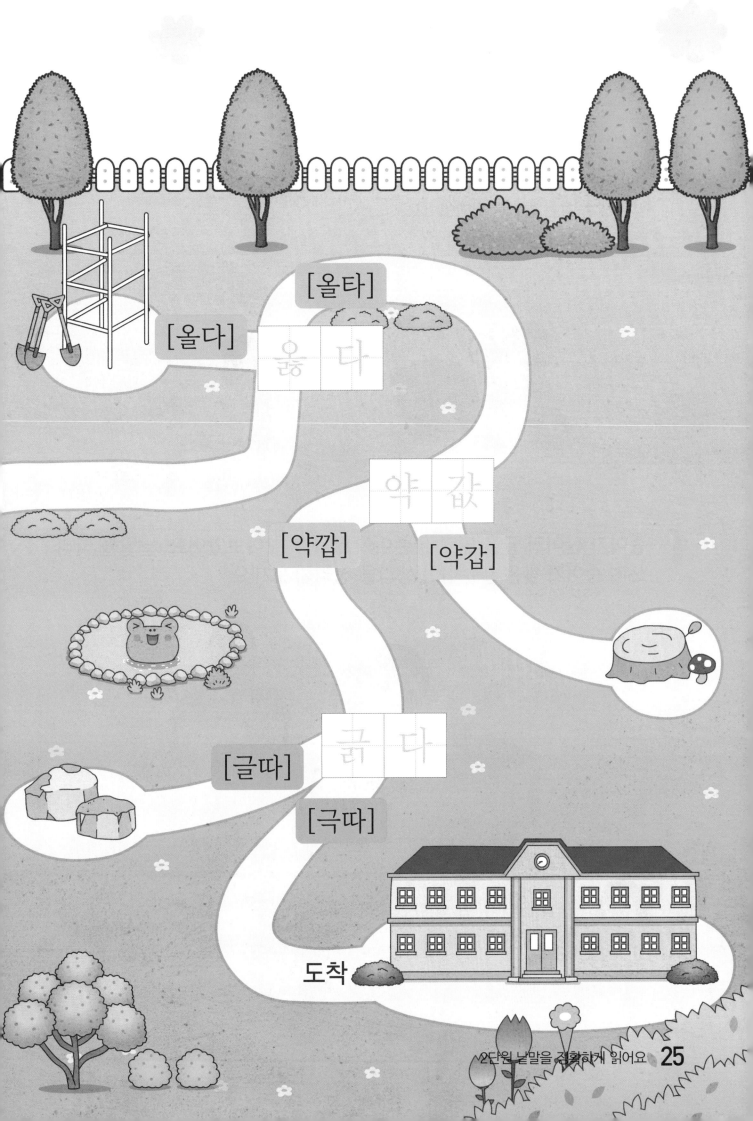

[올타]

[올다]

옳 다

약 값

[약깝]

[약갑]

[글따]

긁 다

[극따]

도착

글을 읽고 글쓴이가 하고 싶은 말 찾기

글쓴이가 글을 통해 전하고 싶은 생각을 글쓴이의 생각이라고 해요. 글쓴이가 하고 싶은 말을 찾는 방법을 알아보아요.

1 송이가 산이의 글을 읽고 글쓴이의 생각을 찾아보았어요. 낱말을 따라 쓰며 송이가 찾은 글쓴이의 생각을 정리해 보세요.

글쓴이가 하고 싶은 말은 음 식 을

골 고 루 먹 자 는 것입니다.

26 교과서 달달 쓰기 1-2

2 다음은 학교에서 볼 수 있는 장소들이에요. 그림에 알맞은 낱말을 따라 쓰세요.

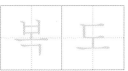

3 친구들이 자신의 멋진 날에 대해 이야기하고 있어요. 낱말을 따라 쓰고 문장을 완성해 보세요.

나의 멋진 날은 날씨가 | 맑 | 아 | 서 | 가족들과

| 나 | 들 | 이 | | 가 | 기 | | 좋 | 은 | 날이야.

나의 멋진 날은 | 귀 | 가 | 할 때 귀여운 | 옆 | 집 |

귀가할: 집으로 돌아가거나 돌아올.

| 강 | 아 | 지 | 를 만난 날이야.

나의 멋진 날은 　자　전　거　를 타고

쌩　쌩　　달　린　 날이야.

나의 멋진 날은 　이　웃　과 함께 　수　박　을

나　누　어　　먹　은　 날이야.

1.

자신의 경험을 바른 자세로 발표하기

여러 사람 앞에서 발표할 때와 다른 사람의 발표를 들을 때의 바른 자세를 알아보아요.

궁금한 점을 생각하며 들어요.

말하는 사람을 바라보며 들어요.

허리를 펴고 바른 자세로 서서 듣는 사람을 바라보며 말해요.

알맞은 크기의 목소리로 또박또박 말해요.

1 발표하는 자세가 바르지 못한 친구와 듣는 자세가 바르지 못한 친구에게 해 주고 싶은 말을 따라 쓰세요.

제 꿈은 과학자……

허 리 를 펴고 바른 자세로 서서 말해요.

알맞은 크기의 목 소 리 로 말해요.

어제 할머니께서 들려주신 이야기가……

딴 짓 하지 말고 들어야 해요.

시끄럽게 떠 들 면 안 돼요.

2 친구들이 자신의 꿈을 발표하고 있어요. 친구들의 꿈을 따라 쓰고, 알맞은 그림을 선으로 이으세요.

제 꿈은

| 야 | 구 | 선 | 수 |

입니다.

제 꿈은

| 디 | 자 | 이 | 너 |

입니다.

제 꿈은

| 비 | 행 | 사 |

입니다.

제 꿈은

| 성 | 악 | 가 |

입니다.

3 그림 속 친구들을 보고, 여러 사람 앞에서 발표하는 자세와 듣는 자세를 칭찬해 보세요.

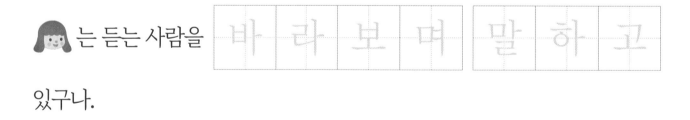 는 허리를 펴고 | 바 | 른 | | 자 | 세 | 로 서서 말하고

있구나.

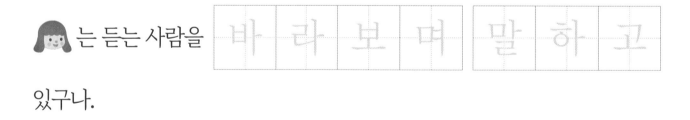 는 듣는 사람을 | 바 | 라 | 보 | 며 | | 말 | 하 | 고

있구나.

 는 듣는 사람을 | 방 | 해 | 하 | 지 |

| 않 | 고 | 잘 듣고 있구나.

는 알맞은 크기의 목소리로 또박또박

말하고 있구나.

는 말하는 사람을 바라보며

듣고 있구나.

는 궁금한 점을 생각하며

잘 듣고 있구나.

3단원 그림일기를 써요

2. 경험한 일을 그림일기로 나타내기

그림일기는 하루에 경험한 일 가운데에서 기억에 남는 일을 골라 글과 그림으로 나타낸 일기예요. 그림일기에 써야 할 내용을 알아보아요.

- 날짜와 요일을 써요.
- 날씨를 써요.

- 경험한 일을 표현하는 그림을 그려요.

- 그날 경험한 일 가운데 기억에 남는 일을 써요.
- 경험한 일에 대한 생각이나 느낌을 써요.

경험한 일에 대한 생각이나 느낌을 솔직하게 써요.

날짜: 20○○년 5월 3일 금요일　　날씨: 바람이 부는 날

	나	는		욱	이		아	파	서		엄	마	랑
병	원	에		갔	다	.	의	사		선	생	님	이
감	기	라	고		했	다	.	집	에		와	서	
김	밥	을		먹	고		약	을		먹	었	다	.
친	구	들	과		놀	고		싶	었	지	만		오
늘	은		혼	자		장	난	감	을		가	지	고
놀	았	다	.										

---

1 산이가 그림일기를 쓰려고 오늘 있었던 일 중 기억에 남는 일을 떠올렸어요. 낱말을 따라 쓰며 산이가 경험한 일과 생각이나 느낌을 정리하세요.

친구들과 ｜눈｜싸｜움｜을 했어.

친구들과 함께 ｜즐｜거｜운｜

시간을 보내니 추운 것도 잊고

｜신｜이｜나｜서｜ 웃음을

멈출 수가 없었어.

2 낱말을 따라 쓰며 그림일기에 들어갈 날씨를 나타내는 말을 완성하세요.

해가 　쨍　쨍　한 날

먹　구　름 가득한 날

바람 　쌩　쌩 부는 날

구름이

뭉　게　뭉　게

주　룩　주　룩 비

눈이 　펑　펑 오는 날

3 강이가 하루 동안 경험한 일을 그린 그림을 보고, 낱말판에서 알맞은 낱말을 찾아 그림에 어울리는 문장을 완성하세요.

'무엇을'에 해당하는 말과 동작을 나타내는 말의 관계를 생각해요.

| 늦잠을 | 독후감을 | 점심밥을 | 텔레비전을 |

아침에

잤어요.

식당에서

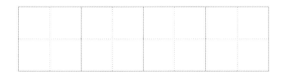

먹었어요.

가족들과

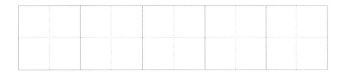

봤어요.

저녁을 먹은 뒤에

썼어요.

4 별이의 그림일기를 읽고 요일과 날씨, 생각이나 느낌을 따라 써서 일기를 완성하세요.

2000년 6월 30일 | 금 | 요일 ‖ 날씨: | 해 | 님 | 이 | 방 | 긋

	송	이		집	에	서		생	일
잔	치	를		했	다	.		케	이	크
와		과	자	를		맛	있	게
먹	었	다	.		내		생	일	도
빨	리		오	면		좋	겠	다	.

4단원 감동을 나누어요

1. 이야기를 듣거나 읽고 일의 차례 정리하기 ①

'아침', '점심' '저녁', '밤'처럼 일이 일어난 때를 알려 주는 말을 시간을 나타내는 말이라고 해요. 이야기를 듣거나 읽을 때 시간을 나타내는 말을 생각하면 일이 일어난 차례를 정리할 수 있어요.

늦은 밤 서로에게 더 많은 볏단을 주려고 가는 형제의 우애 깊은 모습이 감동적이었어.

일이 일어난 차례대로 정리하면 이야기의 흐름을 알 수 있어요.

1 요일을 나타내는 말과 계절을 나타내는 말을 따라 쓰세요.

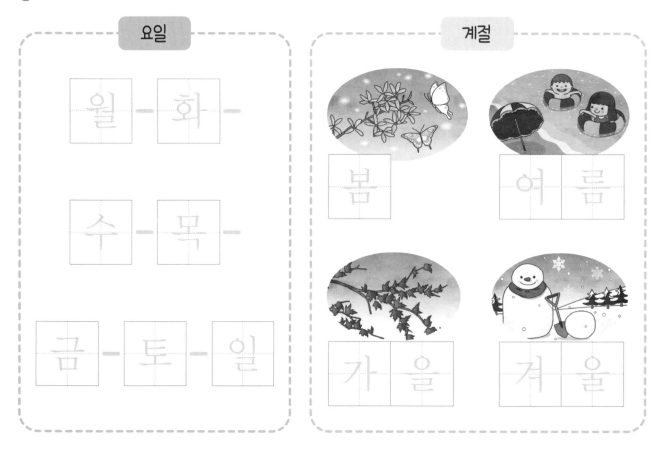

요일

월 - 화 -

수 - 목 -

금 - 토 - 일

계절

봄

여름

가을

겨울

2 문장의 빈칸에 어울리는 동작을 나타내는 말을 선으로 잇고, 따라 쓰세요.

강이가 꿈을 _____.

산이가 머리를 _____.

별이가 공을 _____.

친구들이 그림을 _____.

3 그림을 보고, '맛'과 관련된 낱말을 따라 쓰세요.

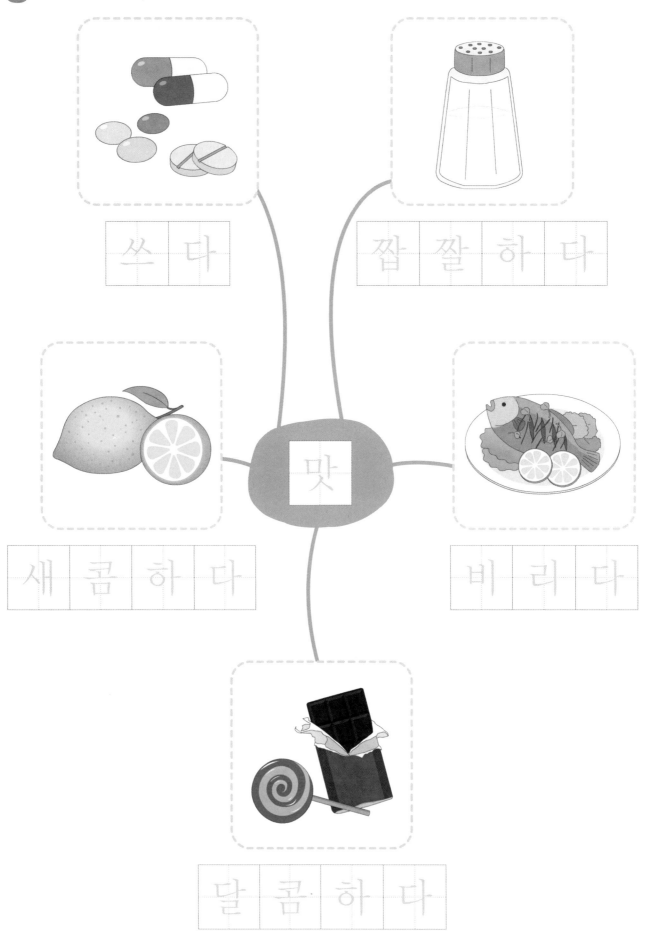

쓰 다

짭 짤 하 다

새 콤 하 다

맛

비 리 다

달 콤 하 다

4 그림에 어울리는 문장을 선으로 잇고, 시간을 나타내는 말을 따라 써서 문장을 완성하세요.

엄마의

| 생 | 신 | 날 |

잔치를 했어요.

| 십 | 이 | 월 | 에

첫눈이 왔어요.

| 아 | 홉 | 시 | 에

잠자리에 들었어요.

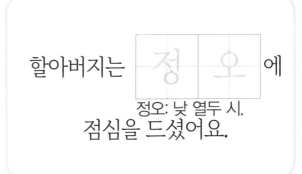

할아버지는 | 정 | 오 | 에

정오: 낮 열두 시.

점심을 드셨어요.

4단원 감동을 나누어요

1. 이야기를 듣거나 읽고 일의 차례 정리하기 ②

✏️ 따옴표에는 큰따옴표와 작은따옴표가 있어요. 각 따옴표의 특징을 알아보아요.

따옴표의 종류	" "	' '
	큰따옴표	작은따옴표
쓰임	인물이 소리 내어 한 말을 나타낼 때 씁니다.	인물이 마음속으로 한 말을 나타낼 때 씁니다.

💬 따옴표를 어디에 썼는지 살펴보고, 인물이 직접 한 말과 인물의 생각을 구분하며 글을 읽어야 해요.

1 그림을 보고, 인물의 말에 알맞은 따옴표를 따라 쓰세요.

   " 여러분, 모두 여기를 보세요! "

   ' 어떤 마술을 보여 줄까? '

   " 자, 비둘기가 나왔습니다 "

2 '떼'와 '때', '메다'와 '매다'는 헷갈리기 쉬운 낱말이에요. 낱말의 뜻을 알아보고, 문장에 알맞은 낱말을 따라 쓰세요.

떼	목적이나 행동을 같이하는 무리.
때	옷이나 몸 등에 묻은 더러운 먼지 등의 물질.

양 떼 를
몰고 가다.

셔츠에
때 가 끼다.

메다	어깨에 걸치거나 올려놓다.
매다	따로 떨어지거나 풀어지지 않도록 끈이나 줄의 두 끝을 서로 묶다.

가방을 메 다 .

운동화 끈을 매 다 .

3 누가 무엇을 했는지 생각하며 「콩쥐 팥쥐」에서 일어난 일을 차례대로 정리해 보세요.

항아리가 ｜깨｜졌｜습｜니｜다｜.

항아리에서 물이

｜흘｜러｜

｜나｜옵｜니｜다｜.

콩쥐가 ｜울｜고｜

｜있｜습｜니｜다｜.

두꺼비가 콩쥐를 ｜도｜와｜줍｜니｜다｜.

4 다음은 「소금을 만드는 맷돌」을 읽고 정리한 내용입니다. 시간을 나타내는 말을 따라 써서 일이 일어난 차례를 완성해 보세요.

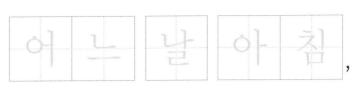

어느날아침,

사람들은 신기한 맷돌에 대해 이야기를 했습니다.

↓

저녁 이 되자 도둑은 궁궐로

숨어들었습니다.

↓

깊은밤 이 되자 도둑은

몰래 맷돌을 훔쳐 도망갔습니다.

↓

"나와라, 소금!"을 외치자 소금이 계속 쏟아져 나왔고, 맷돌은 도둑과 함께 바닷속에 가라앉았습니다.

4단원 감동을 나누어요

만화 영화를 보고 생각이나 느낌 나누기

✏️ 만화 영화를 보고 재미있거나 감동적인 장면을 찾아보고, 생각이나 느낌을 나누어 보아요.

1 만화 영화를 보고 생각이나 느낌을 나눌 때 쓸 수 있는 표현을 따라 쓰세요.

2 '꿩'은 여러 가지 이름으로 불리는 동물이에요. 꿩의 여러 이름을 따라 쓰고, 사다리를 타고 내려가 뜻을 알아보세요.

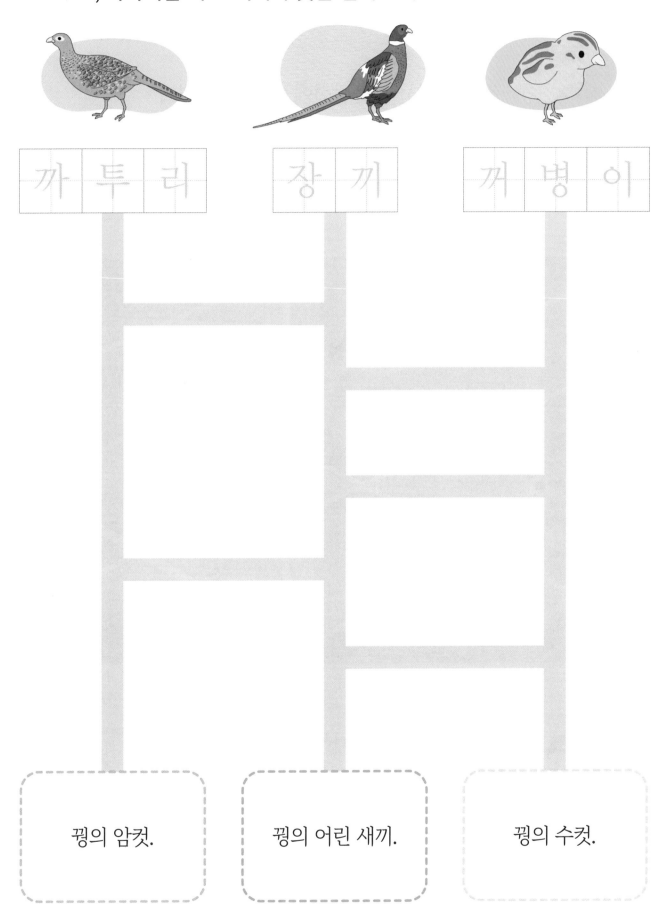

까투리

장끼

꺼병이

꿩의 암컷.

꿩의 어린 새끼.

꿩의 수컷.

3 친구들이 본 만화 영화의 내용을 보고, 낱말을 따라 써서 재미있거나 감동적인 장면에 대해 이야기 나눈 대화를 완성하세요.

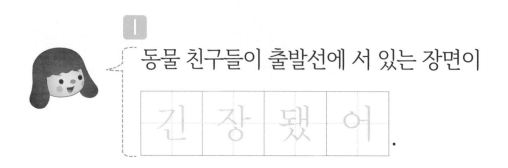

동물 친구들이 출발선에 서 있는 장면이

긴	장	됐	어

.

사자와 호랑이가 다투는 장면이

기	억	에		남	았	어

.

재미있거나 감동적인 부분은
친구마다 모두 다를 수 있어요.

2

사자와 호랑이가 결승선에 거의 동시에 도착할 때

조 마 조 마 했 어 .

4

동물 친구들이 모두 화해하는 장면이

감 동 적 이 었 어 .

5단원 생각을 키워요

한글에 관심 가지기

한글은 낱자를 바꾸면 글자의 모양과 소리가 달라져 의미가 다른 낱말을 만들 수 있어요. 글자의 모양이 어떻게 달라지는지 알아보세요.

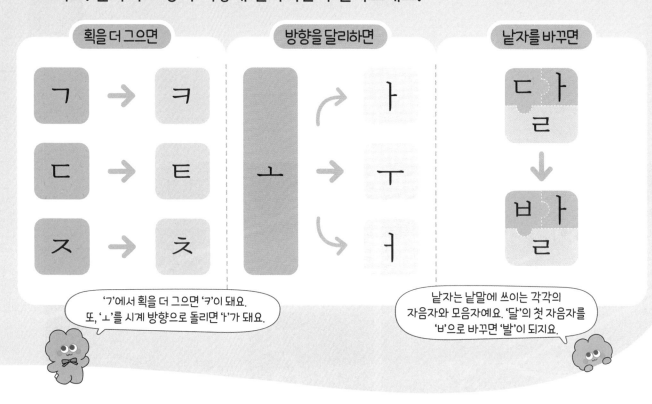

획을 더 그으면

ㄱ → ㅋ
ㄷ → ㅌ
ㅈ → ㅊ

방향을 달리하면

ㅗ → ㅏ / ㅜ / ㅓ

낱자를 바꾸면

다 → 바

'ㄱ'에서 획을 더 그으면 'ㅋ'이 돼요. 또, 'ㅗ'를 시계 방향으로 돌리면 'ㅏ'가 돼요.

낱자는 낱말에 쓰이는 각각의 자음자와 모음자예요. '달'의 첫 자음자를 'ㅂ'으로 바꾸면 '발'이 되지요.

1 하나의 낱자를 바꾸어 다른 글자를 만들 수 있어요. 글자를 따라 쓰고, 낱자를 바꾼 방법을 알아보세요.

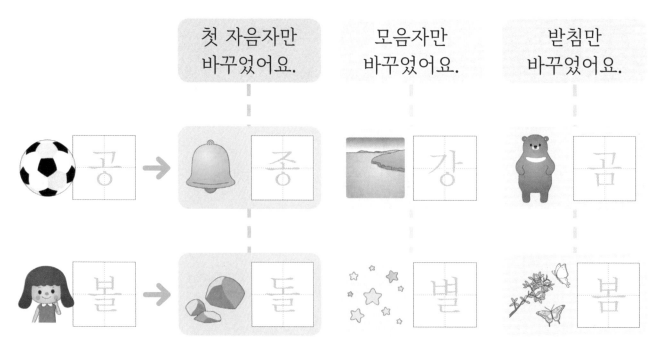

첫 자음자만 바꾸었어요.

모음자만 바꾸었어요.

받침만 바꾸었어요.

공 → 종

강

곰

볼 → 돌

별

봄

2 그림이 나타내는 낱말을 따라 쓰고, 세 낱말에 모두 들어 있는 낱자를 빈칸에 쓰세요.

낱자 이 들어 있어요.

낱자 이 들어 있어요.

낱자 가 들어 있어요.

3 한글에 대해 알아보며 문장에 알맞은 낱말을 따라 쓰세요.

한글은 조선 시대에

 이 만든 우리 고유의 글자예요.

세종 대왕은  를 몰라서 백성이

글을 읽고 쓸 줄 모르는 것을 안타까워했어요.

그래서 백성이 쉽게 읽고 쓸 수 있는

 를 만들었어요.

오늘날에는  이 있어서 자신의

생각을 자유롭게 글로 표현할 수 있어요.

4 한글의 아름다움을 생각하며 그림에 알맞은 모양을 흉내 내는 말을 찾아 선으로 잇고, 따라 쓰세요.

·

·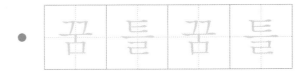

·

·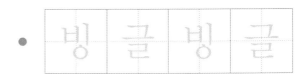

·

·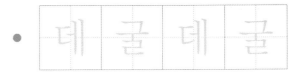

·

· 소 곤 소 곤

2. 책에 관심 가지기

5단원 생각을 키워요

글을 읽고, 재미있는 부분에 대해 이야기를 나누거나 자신의 생각이나 느낌을 말할 수 있어요. 생각이나 느낌을 떠올리는 방법을 알아보세요.

훌라후프가 있다고 생각하며 허리를 돌린다는 생각이 재치있어.

인물이 한 일에 대한 생각이나 느낌 떠올리기

너무너무 어려운 훌라후프 돌리기

훌라후프를 잘하고 싶다는 마음이 느껴져서 응원해 주고 싶어.

인물의 생각이나 느낌에 대한 자신의 생각이나 느낌 떠올리기

1 생각이나 느낌을 나타내는 낱말을 따라 쓰세요.

야호!

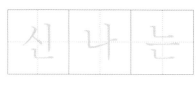
신 나 는 , 통 쾌 한

어휴.

속 상 한 , 답 답 한

우아! 어떻게 하면 그렇게 잘 만들 수 있니?

부 러 운 , 신 기 한

2 그림을 보고, 알맞은 낱말을 찾아 O표 하고 빈칸에 쓰세요.

도서관에서는 (조용이 , 조용히) 해요.

책 내용을 (꼼꼼이 , 꼼꼼히) 읽어요.

의자를 (조심이 , 조심히) 옮겨요.

의자에 (반듯이 , 반듯히) 앉아요.

책은 (깨끗이 , 깨끗히) 읽어야 해요.

3 가게에 가면 다양한 물건을 보고 살 수 있어요. 가게를 부르는 말과 물건을 셀 때 쓰는 낱말을 낱말판에서 찾아 쓰세요.

서점 과일 문구점 그릇 권 송이 벌 장 자루 통

｜　｜　　에서 책 한 ｜　｜,

｜　｜　　가게에서 수저 한 ｜　｜,

｜　｜　　가게에서 수박 한 ｜　｜, 바나나 한 ｜　｜,

｜　｜　　에서 연필 한 ｜　｜, 종이 한 ｜　｜.

4 외국에서 들어와 우리말처럼 쓰이는 말을 '외래어'라고 해요. 문장에 쓰인 외래어를 바르게 따라 쓰세요.

노 트 북 을 켜서

노트북: 공책 크기로 만든 가벼운 컴퓨터.

메 일 을 확인해요.

메일: 컴퓨터로 주고받는 글.

훌 라 후 프 와

로 봇 을 갖고 놀아요.

피 아 노 와

기 타 를 연주해요.

케 이 크 와

피 자 가 맛있어 보여요.

6단원 문장을 읽고 써요

1. 생각을 문장으로 표현하기

자신의 생각을 문장으로 표현할 때에는 어떤 문제가 있는지, 그 문제를 해결하는 방법은 무엇인지를 생각해야 해요.

어떤 문제가 있나요?

일회용품을 많이 사용하고 있습니다.

일회용품을 사용하는 사람들이 어떻게 행동하면 좋을까요?

문제를 어떻게 해결하면 좋을까요?

될 수 있으면 일회용품을 사용하지 않았으면 좋겠습니다.

1 그림을 보고, 생각을 문장으로 쓰는 방법을 알아보며 따라 쓰세요.

문제	더 쓸 수 있는 종이를

버 리 려 고 해요.

해결방법	종이를 뒤집어서 써요.

↓

자신의 생각	아직 더 쓸 수 있으니까 종 이 를

뒤 집 어 서 쓰면 좋겠어요.

2 에너지를 아끼기 위해 우리가 해야 할 일에는 무엇이 있는지 생각하며 알맞은 낱말을 따라 쓰세요.

사용하지 않는 곳의  은 꺼야

해요.

가까운 곳에 갈 때에는 차를 타지 않고

 해요.

손에 비누칠을 할 때는 수도꼭지를

 해요.

여름철 실내  는 26도 이상을

온도: 따뜻함과 차가움의 정도.

유지해요.

3 소리가 비슷한 낱말을 사용한 그림에 알맞은 문장을 찾아 선으로 잇고, 낱말을 따라 쓰세요.

샤워기를

틀	다
.

마당에서 이불을

털	다
.

누나가 청소를

시	키	다
.

뜨거운 국을

식	히	다
.

학교 수업을

마	치	다
.

과녁에 화살을

맞	히	다
.

4 같은 색깔의 돌을 모으면 문장을 만들 수 있어요. 친구들이 한 일에 맞게 문장을 세 개 만들어 쓰세요.

송이가	강이가			아이들이
혼자	아픈	함께	
친구를		간식을	쓰레기를
주웠어요.	도와주었어요.	먹었어요.

6단원 문장을 읽고 써요

정확하게 쓰고 자연스럽게 읽기 ①

문장을 쓸 때에는 소리는 같지만 뜻이 다른 낱말을 바르게 구별해서 쓰고, 문장을 읽을 때에는 자연스럽게 띄어 읽어요.

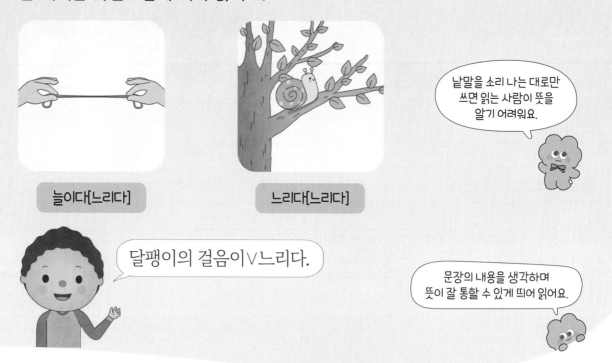

늘이다[느리다]

느리다[느리다]

낱말을 소리 나는 대로만 쓰면 읽는 사람이 뜻을 알기 어려워요.

달팽이의 걸음이∨느리다.

문장의 내용을 생각하며 뜻이 잘 통할 수 있게 띄어 읽어요.

1 사다리를 타고 내려가 그림에 어울리는 낱말을 따라 쓰세요.

낫   같이   가치   낯

낫: 곡식 등을 베는 농기구.   가치: 사물이 지닌 쓸모.   낯: 얼굴.

2 빈칸에 들어갈 바른 낱말을 찾아 ○표 하고, 문장을 완성하여 쓰세요.

맞다

맡다

친구들이 꽃향기를   □□ .

깊다

깁다

엄마가 구멍 난 양말을   □□ .

잃어버리다

잊어버리다

사랑하는 강아지를   □□□□□□ .

3 우리가 편리한 생활을 할 수 있도록 도와주는 공공 기관에서 하는 일을 알아보며 바르게 따라 쓰세요.

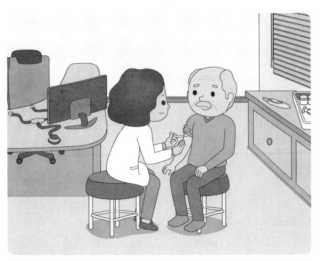

| 보 | 건 | 소 | 는 질병을 | 예 | 방 | 하는 일을 하고, |

예방하는: 질병이나 재해를 미리 막는.

| 경 | 찰 | 서 | 는 질서를 | 바 | 로 | 잡 | 아 | 요 |.

| 도 | 서 | 관 | 은 책을 | 대 | 출 | 해 주는 일을 하고, |

대출해: 빌려.

| 우 | 체 | 국 | 은 우편물을 | 전 | 해 | 줘 | 요 |.

4 누가 어떤 부탁을 하는지 그림과 함께 살펴보고, 낱말을 따라 쓰세요.

 저는 소방서에서 일하는  입니다.

 소방서에 장난  를 하면 안

됩니다. 정말  이 필요한 다른

사람들에게 소방관이 갈 수 없게 됩니다.

 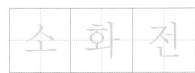 에 있는

근처에 차를 대면 안 됩니다. 소화전에서 물을
끌어다 쓰기 어렵습니다.

 불이 난 곳  에서 구경하지

말고 빠르게  해야 합니다.

2. 정확하게 쓰고 자연스럽게 읽기 ②

6단원 문장을 읽고 써요

1 친구들이 한 일에서 잘못 쓴 부분에 ○표 하고, 바르게 고쳐 쓰세요.

숫자를 새요.

하나, 둘, 셋……

풍선에 리본을 묵어요.

어디 가니?

머리카락을 따아요.

큰 소리로 왜쳐요.

2 뜻이 서로 반대되는 말을 알아보고, 낱말을 따라 쓰세요.

싫다 ↔ 좋다

자다 ↔ 깨다

젖다 ↔ 마르다

두껍다 ↔ 얇다

3 그림에 알맞은 마음이 드러나는 말을 찾아 선으로 잇고, 따라 쓰세요.

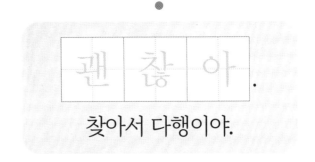

멋 | 지 | 다 .

너에게 잘 어울려.

괜 | 찮 | 아 .

찾아서 다행이야.

고 | 마 | 워 .

준비물을 깜빡 잊었어.

힘 | 내 .

다음에 잘하면 돼.

4 그림에 알맞은 낱말을 찾아 ○표 하고, 문장을 완성하여 쓰세요.

엎치락   오르락

시소가 [　][　][　] 내리락 해요.

살금살금   흔들흔들

바람에 나뭇잎이 [　][　][　][　]
춤춰요.

포르르   벌러덩

작은 새들이 [　][　][　] 날아가요.

다닥다닥   미끌미끌

얼음판 위가 [　][　][　][　]
해요.

7단원 무엇이 중요할까요

주요 내용 이해하기 ①

설명하는 글을 읽을 때는 글쓴이가 무엇을 설명하고 있는지, 어떤 점을 소개하는지 파악하며 글을 읽어요. 그리고 글을 읽고 알게 된 점을 말해 보세요.

로봇은 휴식이 필요하지 않고 계속 일을 할 수 있어.

로봇은 인간 대신 위험한 일을 할 수 있어.

로봇은 어떤 일을 자동으로 하는 기계 장치야.

설명하는 글의 제목을 살펴보면 무엇을 설명하고 있는지 알 수 있어요.

글을 읽으면서 반복적으로 제시되는 대상이 무엇인지 찾아보는 것도 좋아요.

1 다음은 요리 만들기 재료에 같이 온 설명서예요. 낱말을 따라 쓰며, 어떤 순서로 요리를 해야 하는지 살펴보세요.

1 　냄비에 물과 모든 재 료 를 담아 주세요.

2 　센 불에서 3분 동안 팔팔 끓여 주세요.

3 　맛있는 부대찌개 완 성 !

2 산이가 쉬는 시간에 종이접기 책을 읽고 종이접기를 했어요. 낱말을 따라 쓰며 산이가 무엇을 만들었는지 확인해 보세요.

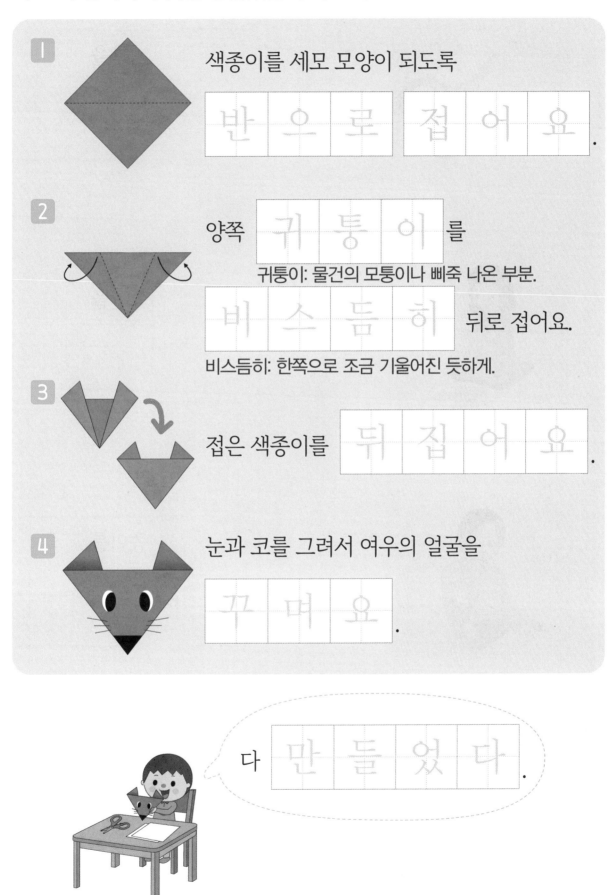

1 색종이를 세모 모양이 되도록 반으로 접어요.

2 양쪽 귀퉁이를

귀퉁이: 물건의 모퉁이나 삐죽 나온 부분.

비스듬히 뒤로 접어요.

비스듬히: 한쪽으로 조금 기울어진 듯하게.

3 접은 색종이를 뒤집어요.

4 눈과 코를 그려서 여우의 얼굴을 꾸며요.

다 만들었다.

3 다음 그림에 어울리는 문장을 찾아 선으로 잇고, 동작을 나타내는 낱말을 따라 쓰세요.

기름을

짜 다 .

송편을

빚 다 .

종이를

자 르 다 .

청소기를

조 립 하 다 .

4 송이가 독도를 설명하는 글을 읽고 알게 된 점을 정리했어요. 낱말을 따라 쓰세요.

독도

위치 : 우리나라 동쪽 끝

특징 : 두 개의 큰 섬(동도, 서도)과 89개의 작은 섬이 있음.

동도

－ 등대 와 여러 가지 시설이 있음.

－ 독도를 지키는 경비대가 있음.

서도

－ 주민 숙소가 있어 주민 이 살 수 있음.

1.

7단원 무엇이 중요할까요

주요 내용 이해하기 ②

1 그림을 문장으로 표현할 때 알맞은 말을 선으로 잇고, 따라 쓰세요.

 •

•

 •

•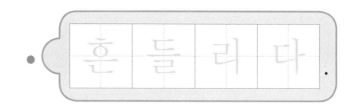

 •

•

잔잔하다: 바람이나 물결이 일지 않아 잠
잠하다.

 •

•

2 다음 낱말을 따라 쓰며 생활 속 곳곳에 있는 자연을 본떠 만든 물건을 알아보세요.

흡착 고무
는 문어의 | 빨 | 판 |을 본떠 만들었어요.

낙하산
은 | 민 | 들 | 레 | 씨 |를 본떠 만들었어요.

벨크로
는 도꼬마리 열매의 | 갈 | 고 | 리 | 모양 | 가 | 시 |

를 본떠 만들었어요.

3 뜻이 서로 반대되는 말을 알아보고, 낱말을 따라 쓰세요.

붙이다 ↔ 떼다

싸다 ↔ 풀다

꾸중하다 ↔ 칭찬하다

시끄럽다 ↔ 고요하다

4 비사치기는 손바닥만 한 납작한 돌을 가지고 하는 놀이예요. 다음 낱말을 따라 쓰며, 비사치기 놀이 방법을 알아보세요.

 를 하려면

평평하고 잘 세워지는 손바닥만 한

 를 준비해요.

 에서

진 사람이 준비한 돌멩이를 줄 위에 세워요.

가위바위보에서 이긴 사람은 자신의 돌을

 에 올리거나 무릎

사이에 끼워 옮겨서 상대의 돌을 넘어뜨려요.

7단원 무엇이 중요할까요

2. 겪은 일 쓰기

자신이 겪은 일을 글로 쓸 때에는 먼저 언제, 어디에서 있었던 일인지, 그때의 마음은 어떠했는지를 생각해야 해요. 그리고 이를 바탕으로 글을 써 보아요.

어제 놀이터에서 갑자기 모래가 눈에 들어가서 놀라고 당황했던 일을 써야겠어.

'즐거웠다', '재미있었다'라는 표현 외에 다양한 표현을 사용하여 겪은 일에 대한 느낌을 나타내 보세요.

1 강이가 자신이 겪은 일을 정리해서 썼어요. 낱말을 따라 쓰세요.

지난 주말에 우리 동네에서 열리는 아나바다 행사에 다녀왔어요.

'아나바다'는 ' 아껴 쓰고, 나눠 쓰고,

  바꿔 쓰고, 다시 쓰고'의 앞 글자만 따서

부르는 것이에요.

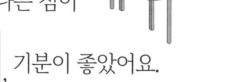

나에게는 필요 없는 물건 을

다른 친구와 바꾸어 쓸 수 있다는 점이

  놀라웠고 , 기분이 좋았어요.

2 친구들이 겪은 일을 보고, 그때의 마음을 생각해 보세요. 문장에서 바르게 쓴 낱말을 (   )에서 찾아 ○표 하고, 빈칸에 쓰세요.

김밥 안에 든 우엉이 달콤하고
(짭조롬했어요 , 짭조름했어요).

우리 백군이
(줄다리기 , 줄달리기)에 져서 아쉬웠어요.

(가게 , 가계)로
혼자 심부름을 가서 떨렸어요.

바람에 떨어지는 (낙엽 , 낙옆)을
하나도 잡지 못해서 섭섭했어요.

3 표정에 어울리는 낱말을 모두 골라 〇표 하고, 낱말을 따라 쓰세요.

기뻐요

힘들어요

행복해요

| 기 | 뻐 | 요 | , | 행 | 복 | 해 | 요 |

궁금해요

무서워요

두려워요

| 무 | 서 | 워 | 요 | , | 두 | 려 | 워 | 요 |

화나요

못마땅해요

우스워요

| 화 | 나 | 요 | , | 못 | 마 | 땅 | 해 | 요 |

슬퍼요

신나요

서러워요

| 슬 | 퍼 | 요 | , | 서 | 러 | 워 | 요 |

4 송이가 겪은 일과 겪은 일에 대한 느낌을 생각하며 낱말을 따라 쓰세요.

수 목 원 으로 현 장 체 험

수목원: 여러 가지 나무를 키우는 곳.

학 습 을 갔어요.

처음 보는 꽃과 나무가 많아서 정말 신 기 했 어 요 .

맛있게 점심을 먹고 친구들과 술 래 잡 기 를 했어요.

친구가 나를 잡아서 내가 술래가 될까 봐

조 마 조 마 했 어 요 .

8단원 느끼고 표현해요

1. 인물을 상상하며 작품 감상하기 ①

시나 이야기를 읽고 장면을 떠올리며 인물의 모습이나 행동을 상상해 보고, 인물의 마음을 짐작해 보아요.

연을 날리는 얼굴 표정이 잘 표현되어 있어서 재미있어.

연날리기를 했을 때 무척 신났어. 시 속 인물도 신이 났을 것 같아.

시의 내용과 자신의 경험을 바탕으로 말하는 이의 모습을 상상해 보세요.

1 이야기의 한 장면을 표현한 그림을 보고 인물의 마음을 상상하여 말하고 있어요. 친구들이 짐작한 인물의 마음을 따라 쓰세요.

먼저 사과할까? 혼자 타니까 재미가 하나도 없다.

친구와 다투어서 마음이 │불│편│해│ 보여.

같이 놀던 친구가 없어서 마음이
│허│전│할│ 것 같아.

2 다음은 시를 감상하고 생각이나 느낌을 실감 나게 표현한 문장입니다. 문장에 어울리는 그림과 빈칸에 들어갈 낱말을 알맞게 선으로 잇고 따라 쓰세요.

( ) 빈 교실이 허전해 보여.

들판에 ( ) 누워 있는 모습이 평화로워 보여.

다친 무릎이 아파서 ( ) 울었던 기억이 나.

바다에 ( ) 빠지는 모습을 보니 바다에 놀러갔던 기억이 나.

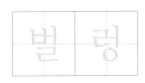   

3 뜻이 서로 반대되는 말을 알아보고, 낱말을 따라 쓰세요.

눕다 ↔ 일어나다

싸우다 ↔ 화해하다

밝다 ↔ 어둡다

4 낱말을 따라 쓰며, 감기에 걸리면 나타나는 여러 증상을 알아보세요.

 콧물 이 흘러요.

 재채기 를 해요.

 목 이 아파요.

 열 이 나요.

1. 인물을 상상하며 작품 감상하기 ②

1 이야기의 등장인물에게 해 주고 싶은 말을 썼어요. 낱말을 따라 쓰세요.

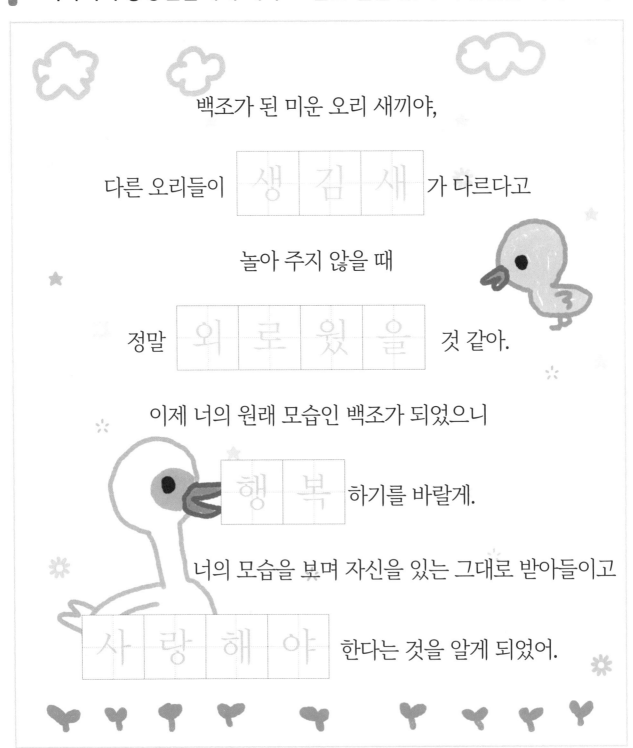

백조가 된 미운 오리 새끼야,

다른 오리들이 | 생 | 김 | 새 | 가 다르다고

놀아 주지 않을 때

정말 | 외 | 로 | 웠 | 을 | 것 같아.

이제 너의 원래 모습인 백조가 되었으니

| 행 | 복 | 하기를 바랄게.

너의 모습을 보며 자신을 있는 그대로 받아들이고

| 사 | 랑 | 해 | 야 | 한다는 것을 알게 되었어.

2 그림에 알맞은 모양을 흉내 내는 말을 선으로 잇고, 따라 쓰세요.

꼼질꼼질: 꼼지락거리는 모양을 나타내는 말.

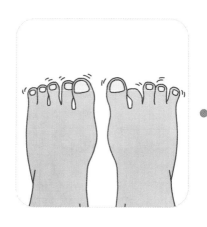

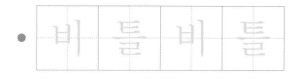

3 그림이 나타내는 낱말을 바르게 쓴 것을 찾아 ○표 하고, 따라 쓰세요.

상처가 (낫다 , 낳다).

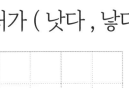

알을 (낫다 , 낳다).

바지를 (다리다 , 달이다).

보약을 (다리다 , 달이다).

동전을 (집다 , 짚다).

지팡이를 (집다 , 짚다).

4 브로콜리 요리를 싫어하는 친구들을 위해 다양한 브로콜리 요리법을 소개하고 있어요. 요리와 관련된 낱말을 따라 쓰세요.

아이들이 싫어하는 브로콜리, 이렇게 요리해 보세요.

첫 번째, 브로콜리 를 잘게 다지고

계란과 섞어 찌세요 . 부드러운 브로콜리 계란찜이 되지요.

두 번째, 양파, 감자를 달달 볶고 브로콜리를 섞은 후, 우유를

넣어 보글보글 끓여요 . 고소한 브로콜리 수프 완성!

세 번째, 브로콜리를 기름에 퐁당 넣어 튀겨 주세요. 바삭한

튀김이 되어요.

8단원 느끼고 표현해요

작품에 대한 생각이나 느낌 나누기

연극에 등장하는 인물의 말과 행동을 보고 인물의 생각을 짐작해 보세요. 또 자신의 경험을 떠올리며 이야기를 읽고 생각이나 느낌을 나누어 보세요.

연극에서 일이 일어난 차례를 정리해 보고, 인물의 말이나 행동을 찾아봐요.

첫째 돼지는 집을 빨리 짓고 싶어서 짚으로 집을 지었나 봐.

이웃 간에 반갑게 인사를 하는 모습이 정다워. 옆집 아줌마와 엘리베이터를 같이 탔을 때 반갑게 인사를 했던 생각이 났어.

자신이 이야기 속 인물이라면 어떻게 할지 생각해 보고, 해 주고 싶은 말을 정리해 보세요.

1 별이가 이야기를 읽고 자신의 생각을 말하였어요. 낱말을 따라 쓰세요.

내가 먼저야, 저리 비켜!

아니야, 내가 먼저야. 네가 양보해.

길을 비켜 주지 않으려고 외나무다리 위에서

 결국 물속에 빠지고 만 두 염소의

모습을 보고 동생과 서로 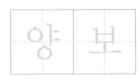 하며 지내야겠다는

생각을 했어요.

2 빈칸에 들어갈 알맞은 꾸며 주는 말을 찾아 ○표 하고, 문장을 완성하여 쓰세요.

꾸벅꾸벅

살금살금

비둘기가 ⬚⬚⬚⬚ 졸고 있어요.

성큼성큼

조물조물

찰흙을 ⬚⬚⬚⬚ 만지고 있어요.

벌컥벌컥

사각사각

더워서 물을 ⬚⬚⬚⬚ 마셔요.

3 그림 속 인물의 생각이나 느낌을 생각하며 낱말을 따라 쓰세요.

멋	지	다

불	쾌	하	다

부	끄	럽	다

억	울	하	다

뭉	클	하	다

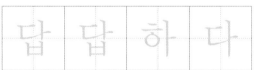

답	답	하	다

귀	찮	다

개	운	하	다

4 「요술 항아리」 연극에 나오는 여러 인물들의 생각을 짐작하였어요. 낱말을 따라 쓰세요.

요술 항아리를  농부가

 .

원님이  판결을 내려 주

지 않아서  .

요술 항아리를

정말  . 난 곧 부자가 될 거야.

항아리 안에  뿐인데,

내가 여러 명이 되어서

 .

5 이야기를 읽고 기억에 남는 장면을 정해 정지 동작으로 표현했어요. 어떤 장면을 표현한 것인지 낱말을 따라 쓰세요.

아기 다람쥐는 아침부터 엄마한테 이 났어요.

를 들은 아기 다람쥐는 기분이 좋지

않았어요.

아기 다람쥐는 에서 친구 사슴이를

.

엄마에게 혼나 기분이 좋지 않았던 아기 다람쥐는 사슴이와

인사하고 싶지 않아 사슴이를 모른 척했어요.

바른 답
모아 보기

6~7쪽

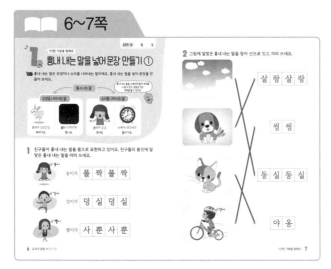

8~9쪽

10~11쪽

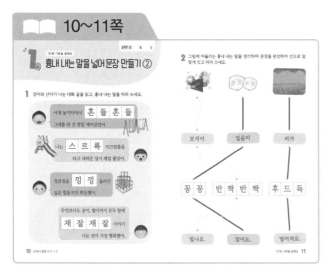

12~13쪽

14~15쪽

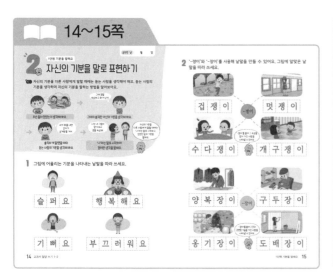

16~17쪽

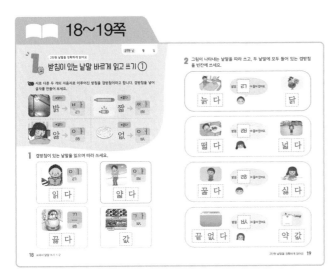

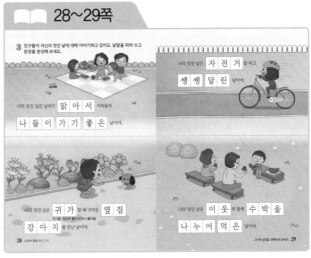

바른 답 모아 보기 **97**

30~31쪽

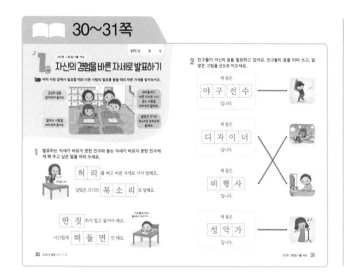

32~33쪽

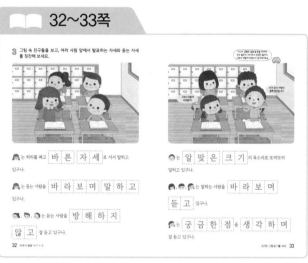

34~35쪽

36~37쪽

38~39쪽

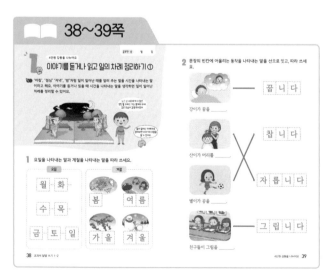

40~41쪽

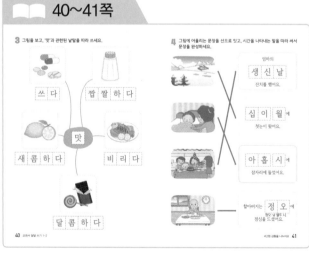

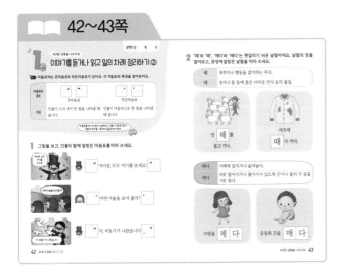

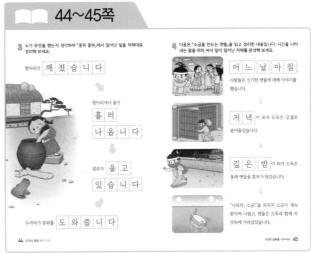

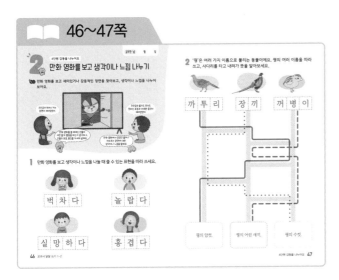

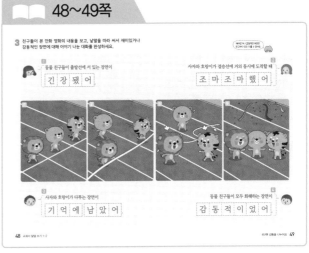

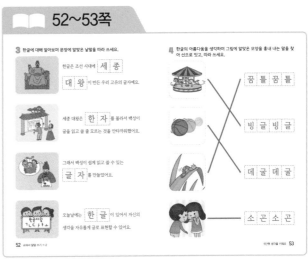

54~55쪽

56~57쪽

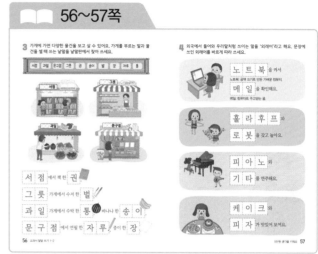

58~59쪽

60~61쪽

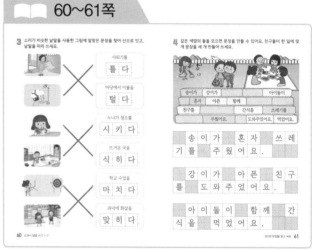

62~63쪽

64~65쪽

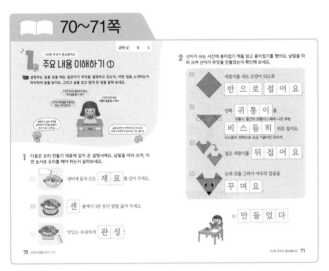

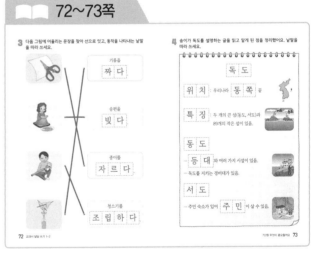

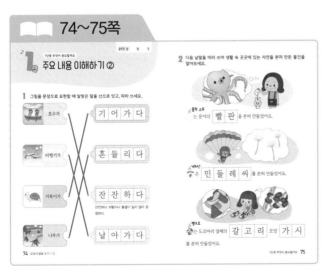

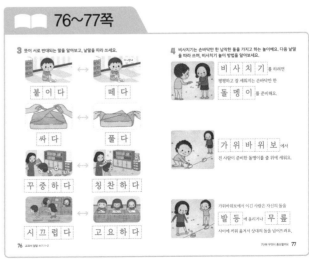

바른 답 모아 보기 **101**

바른 답 모아 보기

78~79쪽

80~81쪽

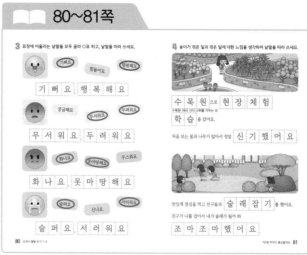

82~83쪽

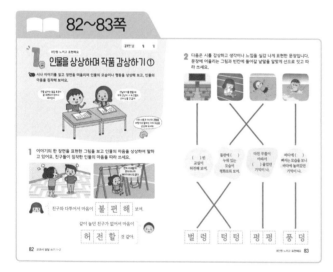

84~85쪽

86~87쪽

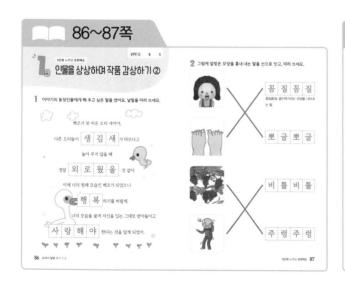

88~89쪽

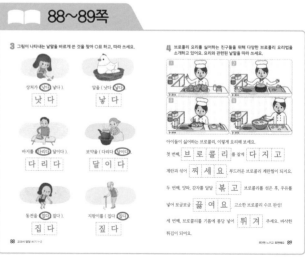

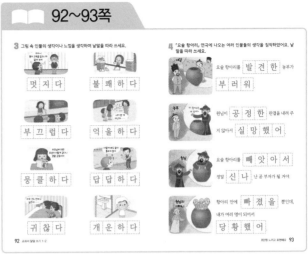

앞으로도
"초코 교과서 달달 쓰기"와
함께해요!

그려 볼까요?

✏️ 좋아하는 물건의 이름을 쓰고, 그 물건을 그려 보세요.

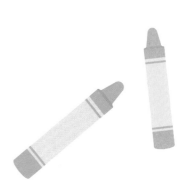

퍼즐 학습으로 재미있게 초등 어휘력을 키우자!

하루 4개씩 25일 완성!

어휘력을 키워야 문해력이 자랍니다.
문해력은 국어는 물론 모든 공부의 기본이 됩니다.

퍼즐런 시리즈로
재미와 학습 효과 두 마리 토끼를 잡으며,
문해력과 함께 공부의 기본을
확실하게 다져 놓으세요.

Fun! Puzzle! Learn!
재미있게!   퍼즐로!   배워요!

맞춤법
초등학생이 자주 틀리는
헷갈리는 맞춤법 100

속담
초등 교과 학습에 꼭 필요한
빈출 속담 100

사자성어
생활에서 자주 접하는
초등 필수 사자성어 100

미래엔 초등 도서 목록

초코

교과서 달달 쓰기 · 교과서 달달 풀기
1~2학년 국어 · 수학 교과 학습력을 향상시키고
초등 코어를 탄탄하게 세우는 기본 학습서
[4책] 국어 1~2학년 학기별
[4책] 수학 1~2학년 학기별

미래엔 교과서 길잡이, 초코
초등 공부의 핵심[CORE]를 탄탄하게 해 주는
슬림 & 심플한 교과 필수 학습서
[8책] 국어 3~6학년 학기별, [8책] 수학 3~6학년 학기별
[8책] 사회 3~6학년 학기별, [8책] 과학 3~6학년 학기별

전과목 단원평가
빠르게 단원 핵심을 정리하고, 수준별 문제로 실전력을 키우는
교과 평가 대비 학습서
[8책] 3~6학년 학기별

문제 해결의 길잡이

원리 8가지 문제 해결 전략으로 문장제와 서술형 문제 정복
[12책] 1~6학년 학기별

심화 문장제 유형 정복으로 초등 수학 최고 수준에 도전
[6책] 1~6학년 학년별

퍼즐런

초등 필수 어휘를 퍼즐로 재미있게 익히는 학습서
[3책] 사자성어, 속담, 맞춤법

하루한장 예비 초등

한글완성
초등학교 입학 전 한글 읽기·쓰기 동시에 끝내기
[3책] 기본 자모음, 받침, 복잡한 자모음

예비초등
기본 학습 능력을 향상하며 초등학교 입학을 준비하기
[4책] 국어, 수학, 통합교과, 학교생활

하루한장 독해

독해 시작편
초등학교 입학 전 기본 문해력 익히기 30일 완성
[2책] 문장으로 시작하기, 짧은 글 독해하기

어휘
문해력의 기초를 다지는 초등 필수 어휘 학습서
[6책] 1~6학년 단계별

독해
국어 교과서와 연계하여 문해력의 기초를 다지는 독해 기본서
[6책] 1~6학년 단계별

독해+플러스
본격적인 독해 훈련으로 문해력을 향상시키는 독해 실전서
[6책] 1~6학년 단계별

비문학 독해 (사회편·과학편)
비문학 독해로 배경지식을 확장하고 문해력을 완성시키는
독해 심화서
[사회편 6책, 과학편 6책] 1~6학년 단계별

초등학교에서 탄탄하게 닦아 놓은
공부력이 중·고등 학습의 실력을 가릅니다.

하루한장 쏙셈

쏙셈 시작편
초등학교 입학 전 연산 시작하기
[2책] 수 세기, 셈하기

쏙셈
교과서에 따른 수·연산·도형·측정까지 계산력 향상하기
[12책] 1~6학년 학기별

쏙셈+플러스
문장제 문제부터 창의·사고력 문제까지 수학 역량 키우기
[12책] 1~6학년 학기별

쏙셈 분수·소수
3~6학년 분수·소수의 개념과 연산 원리를 집중 훈련하기
[분수 2책, 소수 2책] 3~6학년 학년군별

하루한장 한국사

큰별★쌤 최태성의 한국사
최태성 선생님의 재미있는 강의와 시각 자료로
역사의 흐름과 사건을 이해하기
[3책] 3~6학년 시대별

하루한장 한자

그림 연상 한자로 교과서 어휘를 익히고 급수 시험까지 대비하기
[4책] 1~2학년 학기별

하루한장 급수 한자

하루한장 한자 학습법으로 한자 급수 시험 완벽하게 대비하기
[3책] 8급, 7급, 6급

하루한장 ENGLISH BITE

ENGLISH BITE 알파벳 쓰기
알파벳을 보고 듣고 따라쓰며 읽기·쓰기 한 번에 끝내기
[1책]

ENGLISH BITE 파닉스
자음과 모음 결합 과정의 발음 규칙 학습으로
영어 단어 읽기 완성
[2책] 자음과 모음, 이중자음과 이중모음

ENGLISH BITE 사이트 워드
192개 사이트 워드 학습으로 리딩 자신감 키우기
[2책] 단계별

ENGLISH BITE 영문법
문법 개념 확인 영상과 함께 영문법 기초 실력 다지기
[Starter 2책 , Basic 2책] 3~6학년 단계별

ENGLISH BITE 영단어
초등 영어 교육과정의 학년별 필수 영단어를
다양한 활동으로 익히기
[4책] 3~6학년 단계별

초등 교과서 발행사 미래엔의
교재로 초등 시기에 길러야 하는
공부력을 강화해 주세요.

초등 독해서
최고의
스테디셀러

교과 학습의 기본인 문해력을 탄탄하게 키우는
문해력 향상 프로젝트

사회편 미리보기

과학편 미리보기

● 1~6학년 단계별 각 6책

이럴 때 !

기본 독해 후에 좀더 **난이도 높은**
독해 교재를 찾고 있다면!

비문학 지문으로 **문해력**을
업그레이드해야 한다면!

단기간에 **관심 분야**의
독해에 집중하고 싶다면!

이런 아이 !

사회·과학 탐구 분야에
호기심과 관심이 많은 아이

사회·과학의 낯선 용어를
어려워하는 아이

교과서 속 사회·과학 이야기를
알고 싶은 아이